Le Jardin botanique
de Montréal

Conception graphique de la couverture: Nancy Desrosiers
Photo: Mia et Klaus

Maquette intérieure: Josée Amyotte
Infographie: Dominic Pagé

Données de catalogage avant publication (Canada)

Mia

    Le Jardin botanique de Montréal

    1. Jardin botanique de Montréal - Ouvrages illustrés.
    2. Jardins botaniques - Québec (Province) - Montréal -
    Ouvrages illustrés.
    I. Klaus. II. Bourque, Pierre.
    III. Hoffman, Francine.   IV. Titre.

QK73.C32J37 1994   580'.74'4714280222   C94-940412-8

DISTRIBUTEURS EXCLUSIFS:

- Pour le Canada et les États-Unis:
  LES MESSAGERIES ADP°
  955, rue Amherst, Montréal H2L 3K4
  Tél.: (514) 523-1182
  Télécopieur: (514) 939-0406
  ° Filiale de Sogides ltée

- Pour la Belgique et le Luxembourg:
  PRESSES DE BELGIQUE S.A.
  Boulevard de l'Europe 117
  B-1301 Wavre
  Tél.:(10) 41-59-66
       (10) 41-78-50
  Télécopieur: (10) 41-20-24

- Pour la Suisse:
  TRANSAT S.A.
  Route des Jeunes, 4 Ter
  C.P. 125
  1211 Genève 26
  Tél.: (41-22) 342-77-40
  Télécopieur: (41-22) 343-46-46

- Pour la France et les autres pays:
  INTER FORUM
  Immeuble ORSUD, 3-5, avenue Galliéni, 94251 Gentilly Cédex
  Tél.: (1) 47.40.66.07
  Télécopieur: (1) 47.40.63.66
  Commandes: Tél.: (16) 38.32.71.00
                  Télécopieur: (16) 38.32.71.28
                  Télex: 780372

Dépôt légal: 2e trimestre 1994
Bibliothèque nationale du Québec

ISBN 2-7619-1182-2

Mia et Klaus

Le Jardin botanique
de Montréal

LES ÉDITIONS DE
L'HOMME

*L*orsque Mia m'a informé qu'elle souhaitait préparer avec Klaus un livre sur le Jardin botanique de Montréal, j'en fus ravi et honoré. Il y avait longtemps, en effet, que nos routes s'étaient croisées et je vouais une admiration à ces photographes de nature et de beauté qui avaient produit avec délicatesse et professionnalisme des œuvres magistrales sur la photographie que sont les livres sur Montréal, le Québec, le Canada et les grands espaces canadiens. La force, la précision, la poésie de leurs photos qui permettent à chacun de leurs livres de demeurer en nous, de devenir un reflet tangible, présent, intense de notre culture, de notre environnement allaient être mises à contribution au profit d'une grande institution québécoise vouée à la nature.

C'était une rencontre inévitable...

J'ai donc vu Mia et Klaus arpenter le Jardin à plusieurs reprises au cours de l'été et de l'automne, armés de leurs trépieds et de leurs caméras, s'attardant avec les jardiniers qu'ils avaient rendu complices de leurs recherches et de leurs émotions.

Le résultat est remarquable; le jardin défile sous nos yeux, les serres, les jardins, les saisons, les couleurs, les paysages, les personnes. La magie de la photo nous emporte vers le rêve, l'évasion et un soupçon d'immortalité.

Merci Mia et Klaus!

PIERRE BOURQUE,
directeur,
Jardin botanique de Montréal

Le Jardin botanique de Montréal

par Pierre Bourque et Francine Hoffman

Comme elle eût voulu sortir de cette sombre salle, et se promener parmi ces parterres de fleurs aux couleurs éclatantes et ces fraîches fontaines!

Lewis Carroll, *Alice au pays des merveilles*

Comme l'un de ses grands arbres, le Jardin botanique est profondément enraciné dans le sol montréalais. Oasis de verdure, il offre en toute saison un bouquet toujours renouvelé de parfums et de fleurs, du trille printanier de la Laurentie à la délicate et exotique orchidée.

Le Jardin est né en 1931 de la volonté et de l'acharnement d'un passionné de botanique, éducateur et vulgarisateur, le frère Marie-Victorin. Ce dernier s'adjoindra les services de solides alliés à qui il communiquera son rêve: réaliser à Montréal un jardin modèle, havre de verdure et de beauté pour des citadins, jeunes et adultes, de plus en plus éloignés de la nature. Henry Teuscher est son bras droit. C'est à lui que l'on doit les plans des serres et des premiers jardins thématiques.

Dès son implantation, les grandes missions du Jardin sont définies. La recherche, l'éducation et la conservation dirigeront la croissance de l'institution, comme des tuteurs supportent et protègent le baliveau. Plus d'un demi-siècle plus tard, ces mêmes objectifs demeurent au cœur de l'action du Jardin et transparaissent à travers l'aménagement des nouveaux jardins.

L'arbre a aujourd'hui étalé ses branches. Il est devenu la source d'oxygène de la ville fortement minéralisée. On aime venir s'y détendre en sillonnant au fil des saisons ses nombreux jardins, tour à tour verdoyants, richement colorés ou couverts de leur épais manteau de neige. En pleine maturité, le jardin émerveille par la suavité de ses fleurs et par l'abondance de ses fruits: les fruits de la connaissance et du plaisir, non défendu, de la découverte.

Un Jardin pour qui, pour quoi?

Certains viennent simplement s'y promener, à la faveur d'une journée ensoleillée. Havre de paix et de beauté, le Jardin offre un cadre luxuriant aux promeneurs en quête de nature. Assister aux premières floraisons des cerisiers au printemps. Sentir le doux parfum des lilas, ou celui plus prononcé des milliers de roses qui fleurissent à l'unisson. Voir les carpes *Koi* du jardin japonais nager paresseusement dans les eaux tranquilles des ruisseaux. Voir le ginkgo briller de ses mille écus dorés à l'automne ou les fusains s'enflammer dans un rougeoiement de couleurs. Entendre et voir la délicate tourterelle triste s'alimenter aux mangeoires. Chaque moment, chaque saison offre son spectacle d'une nature apprivoisée sous les soins d'habiles jardiniers.

Certains, jeunes ou moins jeunes, viennent y étancher leur soif de connaissance. Mieux connaître ces plantes originaires de tous les continents. Comprendre leur mode de croissance ou de reproduction. Déchiffrer leur classification, leur nomenclature. Étudier leurs modes de culture. Découvrir leurs vertus, leurs pouvoirs, leurs secrets. Une équipe d'animateurs et d'animatrices des services éducatifs veille à assouvir la curiosité de chacun pour l'univers du monde végétal.

Certains viennent s'y imprégner d'une atmosphère particulière, celle d'un jardin de simples du Moyen Âge, d'un jardin de Chine ou japonais... D'autres sont attirés par des événements particuliers, une exposition de champignons, un spectacle culturel, une cérémonie du thé... Le Jardin offre pour tout un chacun un monde de découvertes.

Enfin, d'autres viennent y chercher une source d'inspiration. Armé de chevalets, de fusains ou de pinceaux, le peintre reporte sur la toile les paysages des jardins. Le poète traduit l'émotion ressentie devant le spectacle des fleurs. L'architecte du paysage y découvre de nouvelles variétés, de nouveaux agencements de formes et de couleurs. Et puis des photographes, comme Mia et Klaus, captent dans leurs lentilles des paysages entiers ou d'infimes détails, aux premières heures du jour, au crépuscule ou après la pluie qui ravive les couleurs.

Tous ces artistes communiquent ensuite à travers leur art, leur propre interprétation de la nature qu'ils nous aident à redécouvrir.

Une beauté sobre et raffinée

Par un matin d'été, il n'est pas rare d'assister au spectacle des grands hérons s'ébattant dans les eaux calmes du jardin japonais. La scène offre un tableau d'une grande beauté, à la fois simple et raffinée. Ce jardin moderne et très fleuri fut conçu pour s'intégrer au site du Jardin botanique. La végétation, la topographie aux lignes douces, l'eau, source de vie, qui déferle ou qui s'écoule lentement, la pierre verdâtre, joyau du Québec, tout s'harmonise pour créer une ambiance sereine à nulle autre pareille. Chaque saison voit apparaître de nouvelles couleurs, de nouveaux parfums. Chaque instant est aussi porteur de moments d'intensité et de beauté qu'il nous faut saisir. On pénètre dans un jardin japonais, on y vient pour méditer, pour sentir et se laisser toucher par la beauté de la pierre, de l'eau et de la végétation.

Au Jardin du lac de rêve

Prenez garde, ne posez pas le pied sur le seuil de ce portail, vous pénétrez dans le monde des symboles, dans l'empire du Milieu, au Jardin du lac de rêve. Construit en Chine, puis transporté par bateau en pièces détachées jusqu'à Montréal, où il sera remonté par des artisans venus de Chine, ce jardin se veut une véritable incursion dans la Chine traditionnelle de l'époque des Ming (1368-1644) et dans l'un de ses jardins privés. Fait de contrastes, comme les principes *yin* et *yang*, ce jardin en est un d'eaux et de montagnes. La pierre et l'eau y sont omniprésentes, des éléments forts autour desquels s'articulent une vision tout à fait chinoise de la nature, un microcosme où sont représentées les différentes composantes de l'univers. L'Homme n'est pas absent du jardin. Plusieurs pavillons, constructions terrestres, offrent autant de points de vue que de points à voir. Ils marquent l'arrêt, la pause essentielle pour apprécier le paysage. À peine né, le jardin paraissait avoir déjà une histoire. Les gros pins, symboles de longévité, qui poussent à

flanc de montagnes semblent avoir subi les rigueurs du climat, balayés par des vents qui leur auraient donné un port si particulier. Mais l'histoire de ce jardin ne fait que commencer. Elle débute par une belle amitié entre deux peuples. Des amis chinois viennent d'ailleurs chaque année de différentes parties de la Chine pour faire connaître leurs danses, leurs musiques et leur culture.

Fermez les yeux, écoutez la musique ou le bruit de l'eau de la cascade, vous êtes en Chine. Ouvrez les yeux, serait-ce un rêve? Vous êtes toujours en Chine, ou presque.

La nature sous verre

Le Jardin botanique, c'est également des plantes tropicales, exposées dans une dizaine de serres, chacune procurant aux collections qu'elle abrite l'environnement propice à leur épanouissement. Reliées les unes aux autres, les serres constituent un parcours ininterrompu à travers la végétation des forêts tropicales humides ou des zones désertiques du globe. Le visiteur commence son périple en pénétrant dans la serre centrale, une aire d'introduction dotée des clés de compréhension de l'univers végétal. Sitôt entré dans la serre des plantes tropicales humides, il ressent l'atmosphère chaude et humide des forêts tropicales. Est reproduite ici, la strate supérieure de ces forêts, là où poussent une grande diversité de plantes dites épiphytes, des plantes juchées là où elles trouvent la lumière nécessaire à leur croissance. Un peu plus loin sont présentées les collections de plantes dont les produits nous sont familiers: le cacaoyer, le vanillier, le bananier et bien d'autres espèces d'origine tropicale qui nous fournissent des produits utiles, alimentaires, textiles, etc. Les orchidées tropicales, terrestres ou épiphytes, font ensuite voir leurs couleurs et sentir leurs parfums parmi les Aracées, une famille botanique renfermant des plantes telles que le philodendron et l'Anthurium. Les orchidées offrent un spectacle

sans pareil au cours du printemps, apogée de leur floraison. D'origine plus ancienne que les dinosaures à qui elles ont survécu, des fougères de toutes sortes sont regroupées dans une serre qui leur est consacrée. L'eau est ici essentielle, puisque la fougère ne peut se reproduire en son absence.

Les Bégoniacées et les Gesnériacées, deux familles botaniques, sont très bien représentées au Jardin. Elles procurent

des sujets d'exposition et font aussi l'objet de travaux de recherche. Les cactées d'Amérique et leurs cousines des déserts du vieux continent se partagent la vedette de la serre des régions arides du globe. Ici le soleil est le bienvenu tout au long de l'année.

Toutes ces espèces ont en commun d'avoir développé différentes stratégies d'adaptation à la sécheresse. Elles profiteront de la moindre ondée ou iront puiser l'eau là où elle se cache et l'emmagasineront sous leurs tissus épais. Le jardin céleste abrite une collection de *penjing* de Hong Kong, des plantes et des paysages miniatures cultivés en pot. Certains, d'âge  très vénérable, sont qualifiés de trésors vivants. Pour émerveiller les petits et les grands, la grande serre d'exposition offre à chaque saison des spectacles changeants où il est question de citrouilles ensorcelées, de lutins malicieux, de fleurs et de légumes à croquer ou de personnages sortis de contes fantastiques. Et ceci dans un royaume, celui des fleurs, toujours présentes, toujours différentes.

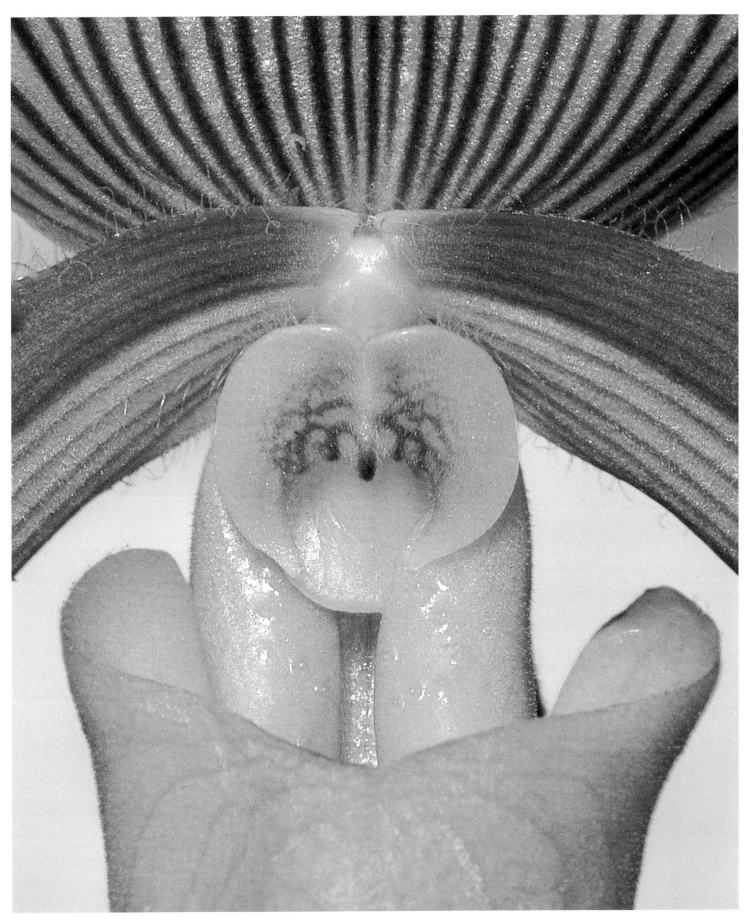

Incursion chez les insectes

Ils nous répugnent, nous effraient ou nous fascinent. Ils sont si nombreux qu'on n'a pas encore dénombré toutes les espèces. Parfois nuisibles pour l'humain, ils sont par ailleurs essentiels au maintien de la vie sur terre. Décomposeurs, pollinisateurs, producteurs de miel, de soie, ils sont aussi source de nourriture pour les animaux et pour l'homme. L'Insectarium les présente avec originalité, qu'ils soient du Québec ou d'ailleurs, laids ou merveilleux, vivants ou naturalisés. Véritables gagnants de la nature, les insectes sont capables de performances inouïes et sont adaptés à tous les climats, à tous les milieux. Pensons au monarque, l'emblème de l'institution. Indigène au Québec, ce papillon d'allure si fragile parcourt l'automne venu des milliers de kilomètres, en route vers le sud où il assurera sa progéniture. Mieux connaître les insectes nous invite à porter un regard différent sur le monde qui nous entoure. À voir le grandiose dans le petit, la force sous la délicatesse et l'utilité derrière l'apparente futilité... à apprécier et à respecter les insectes et les autres créatures de la nature.

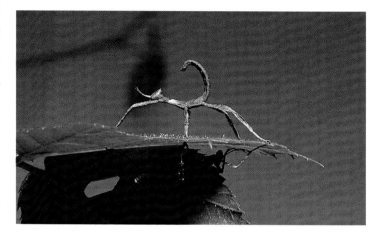

Une fleur tombée,
À sa branche, je la vois revenir,
C'est un papillon.

A. MORITAKEL, XVᵉ siècle

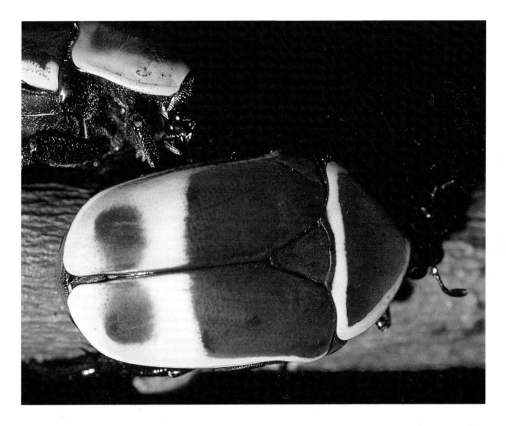

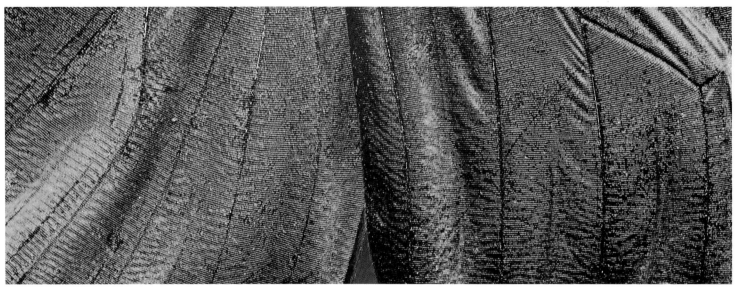

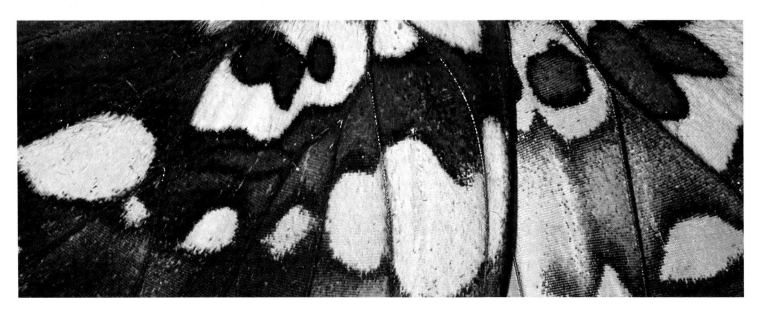

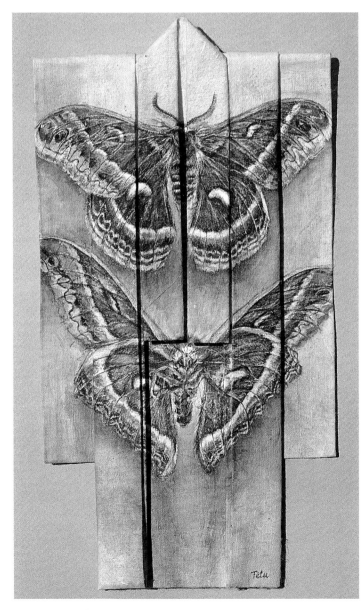

65

Identification des photos

- Toutes les photos ont été prises avec du matériel Nikon et des films Kodak.

- Ce livre a été produit grâce au système d'imagerie au laser des Éditions de l'Homme, lequel comprend:

    - l'ordinateur *Macintosh Quadra 950* ® avec écran couleurs RasterOps ®;

    - le système de gestion et d'impression des photos avec le logiciel *Color Central* ®
      de Compumation ® inc.;

    - le processeur d'images RIP 40 XMO combiné avec la nouvelle technologie *Lino Dot* ®
      et *Lino Pipeline* ® de *Linotype-Hell* ®.

Lithographié sur papier Excellence 200 M
et achevé d'imprimer au Canada
sur les presses de l'imprimerie INTERGLOBE Inc.